쉬운 EASY
베스트 체르니
간추린

30

일신서적출판사

머리말

체르니 30 연습곡집은
체르니 100번보다 한 단계 높은 과정의 연주 실력 향상을 위하여
오랫동안 사용되어져 온 테크닉 교본입니다.

그러나 피아노를 배우는 연령층이 점점 낮아짐을 감안하여
체르니 30번 과정에서 꼭 익혀야 할 테크닉에 효과적인 25곡을
새롭게 선택하여 난이도별로 배열한
〈쉬운 EASY 베스트 간추린 체르니 30〉을 출간하였습니다.

이 교본은 체르니 30번 과정의 필수적인 테크닉을 배우는 것이므로
꾸준하고 효율적인 연습을 위하여 다음과 같은 방법으로 연습합시다.

> ① 연습 목적을 먼저 확인합니다.
> ② 처음에는 오른손과 왼손을 따로 천천히 연습합니다.
> ③ 어려운 부분은 그 부분만 천천히 반복 연습합니다.
> ④ 충분한 연습이 되면 조금씩 빠르게 연습합니다.

〈쉬운 EASY 베스트 간추린 체르니 30〉을 통하여
필요한 테크닉을 재미있고 효율적으로 꾸준히 연습함으로써
피아노 실력 향상에 도움이 되기를 바랍니다.

이 교본에 사용된 연습곡

- 체르니 30 연습곡(Op. 849)
- 체르니 110 연습곡(Op. 453)
- 체르니 리틀 피아니스트(Op. 823)
- 체르니 24 연습곡(Op. 777)

차례

다섯 손가락의 균형을 위한 연습

❶ 셋잇단음표를 레가토로 치면서 손가락의 힘이 고르게 되도록 연주합니다.
❷ 지속음의 길이가 충분히 유지되도록 합니다.

❸ 오른손 '솔(G)'을 누른 상태에서 4번 손가락을 원활히
움직이려면 손가락을 충분히 들어 올리며 연습하세요.

7

오른손 아티큘레이션과 왼손 셋잇단음표 연습

Molto Allegro(매우 빠르게)

지속음과 펼침화음 연습

① 왼손은 첫 음을 좀 더 크게, 나머지 음은 조금 작게 연주합니다.
② 꾸밈음 때문에 '파(F)'음이 첫 박에서 밀리지 않도록 주의하세요.

악센트
그 음을 특히 세게

❸ 지속음을 강조하여 주선율이 잘 들리도록 하며
   내성부는 조금 작게 연주합니다.

멜로디 표현과 양손 레가토 연습

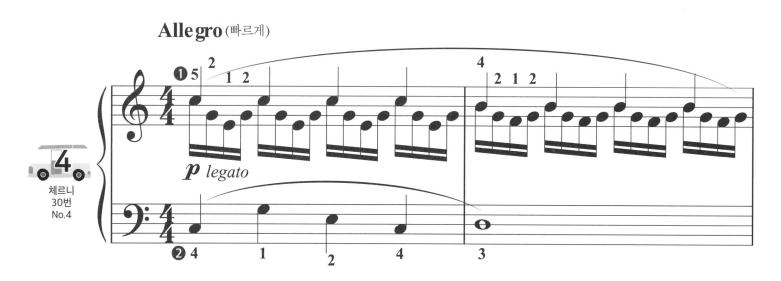

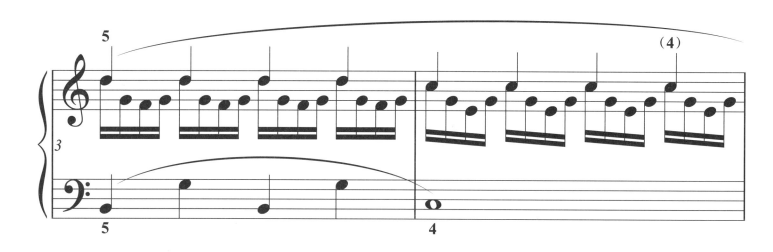

❶ 오른손 지속음의 선율이 드러나도록 16분음표(♬)는 조금 작게 연주합니다.

❷ 4분음표(♩)의 움직임을 잘 들으며 부드럽게 레가토로 연주합니다.

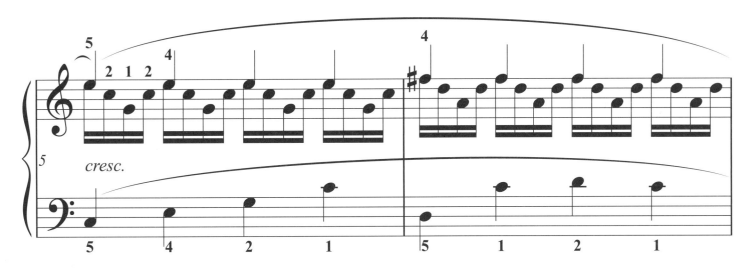

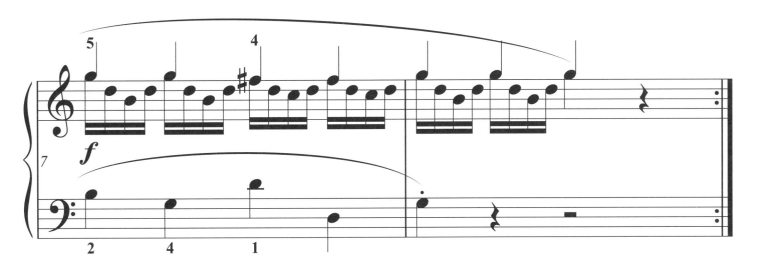

$\frac{6}{8}$박자 펼침화음과 레가토 연습

다섯 손가락의 고른 스케일 연습

Allegro(빠르게)

체르니
24번
No.21

❶ 모든 음을 고르게 하고, 16분음표와 8분음표를 구분하여 연주하세요.

❷ 약한 4-5번 손가락 때문에 리듬이 변형되지 않도록 주의하세요.

24

부점 리듬과 셋잇단음표 연습

Vivace giocoso (아주 빠르고 유쾌하게)

체르니
30번
No.5

p leggiero

❶ 스타카토와 슬러를 잘 표현하며 경쾌하게 연주하세요.

❷ 셋잇단음표 리듬을 정확하게 하며 레가토로 연주하세요.

펼침화음의 양손 연결 연습

Allegro moderato (적당히 빠르게)

❶ 양손으로 연결하는 펼침화음은 자연스럽게, 리듬이 고르도록 주의하세요.
❷ 스타카토를 가볍고 빠르게 쳐서 오른손으로의 연결이 불편하지 않도록 합니다.

양손으로 연결하는 음계 연습

Molto allegro (매우 빠르게)

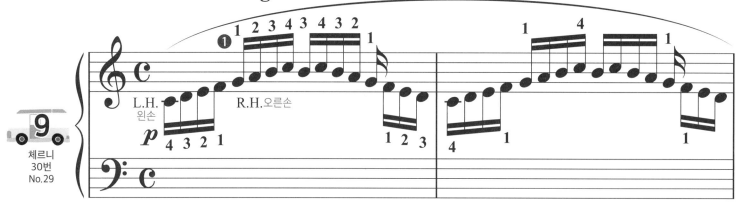

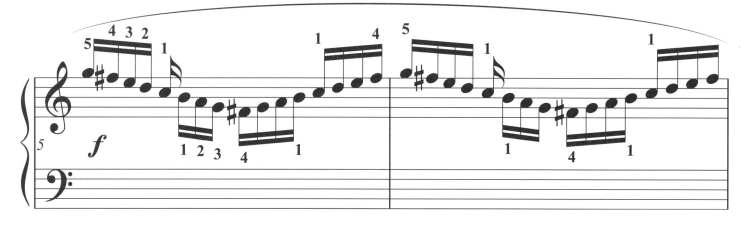

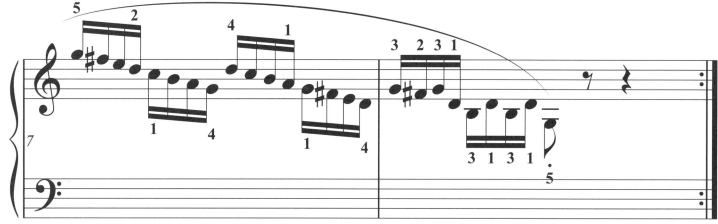

❶ 양손을 이어서 칠 때, 자연스럽고 부드럽게 연결하세요.
❷ 왼손을 친 후 그 다음의 왼손 패턴을 위해 손을 들어 올리고 오른손도
  같은 방식으로 연주합니다.

왼손 화음반주와 오른손 레가토·스타카토 연습

Allegretto (조금 빠르게)

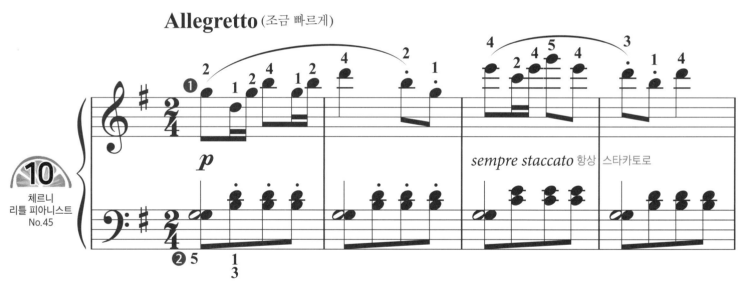

sempre staccato 항상 스타카토로

체르니
리틀 피아니스트
No.45

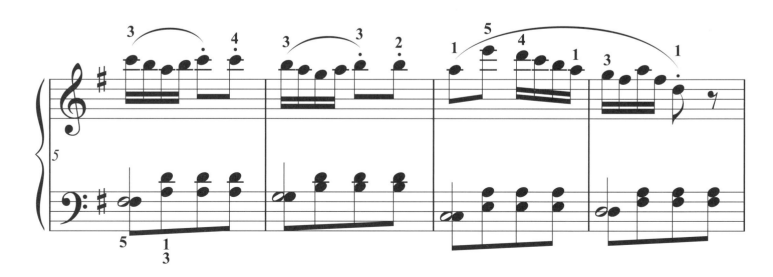

❶ 오른손 레가토와 스타카토가 잘 대비되도록 정확하게 연주합니다.
❷ 왼손 각 마디의 지속음은 잘 울리도록 충분히 누르고 겹음 스타카토는
　지속음보다 소리를 작게, 그리고 가볍게 연주합니다.

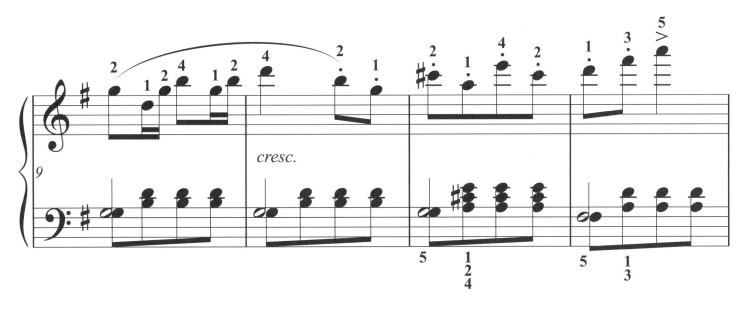

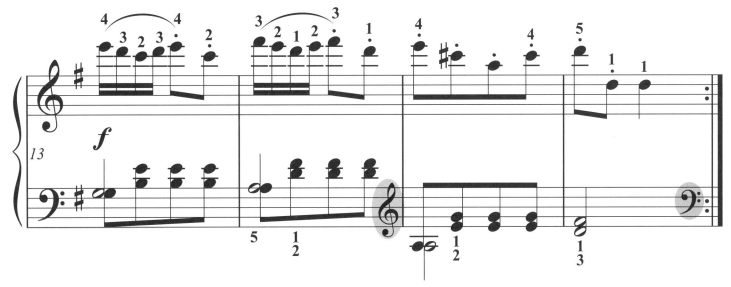

오른손 다장조 음계 연습

Allegro leggiero(빠르고 경쾌하게)

❶ 다섯 음이 고르게 소리나도록 정확하게 누르고,
리듬이 흐트러지지 않도록 합니다.

❷ 왼손이 주선율이므로 강조하여 연주합니다.

poco marcato
음을 조금 강조해서

깔끔한 아르페지오와 경쾌한 스타카토 연습

Allegretto Tempo di Valse (왈츠 빠르기로 조금 빠르게)

❶ 1번 손가락을 빠르게 4번 손가락 안으로 넣어서 누를 때, 악센트가 되지 않도록 주의하세요.
❷ 천천히 반복해서 연습하면 효과적입니다.

Fine (마침)

❸ 왼손은 가볍고 고르게 치고, 오른손은 선율이므로
레가토로 부드럽게 프레이즈를 살려서 연주합니다.

❹ 왼손 리듬을 정확히 하려면 1번 손가락에 힘이 들어가지 않도록 하고, 오른손 겹음은 윗성부 소리가 잘 들리도록 합니다.

Allegretto D.C. sin' al Fine
(*Allegretto* 처음으로 돌아가서 *Fine*에서 마침)

양손 사장조 음계 연습

Molto vivace (매우 빠르게)

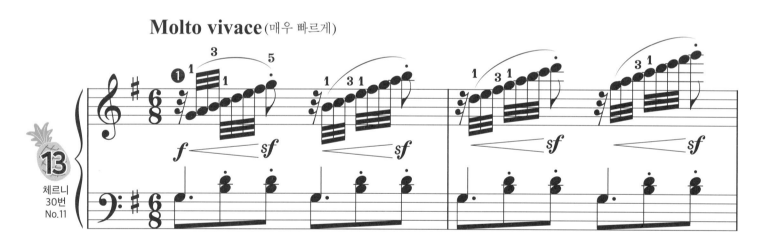

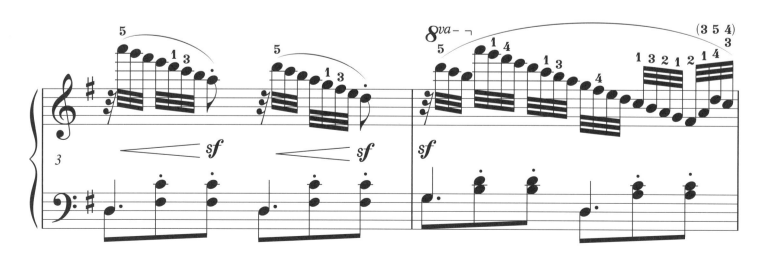

❶ 오른손 사장조 스케일은 손목과 팔꿈치의 긴장을 풀고
자연스럽게 연주합니다.

스케일(음계)

음 높이의 순서대로
배열한 음의 계단

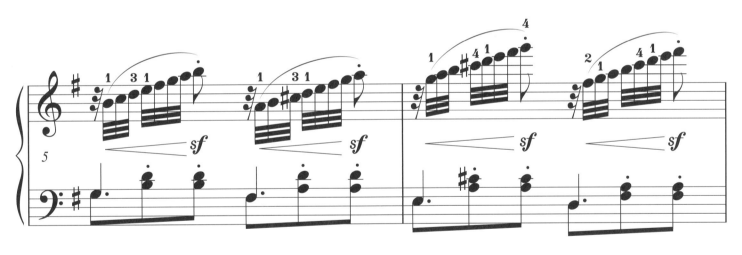

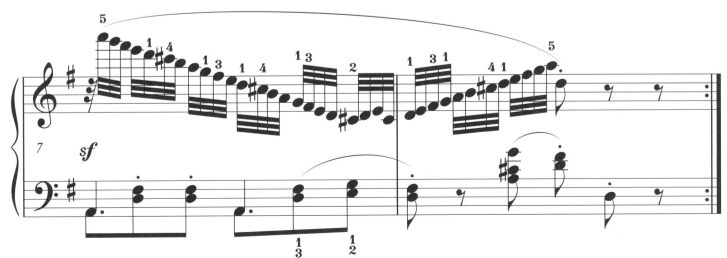

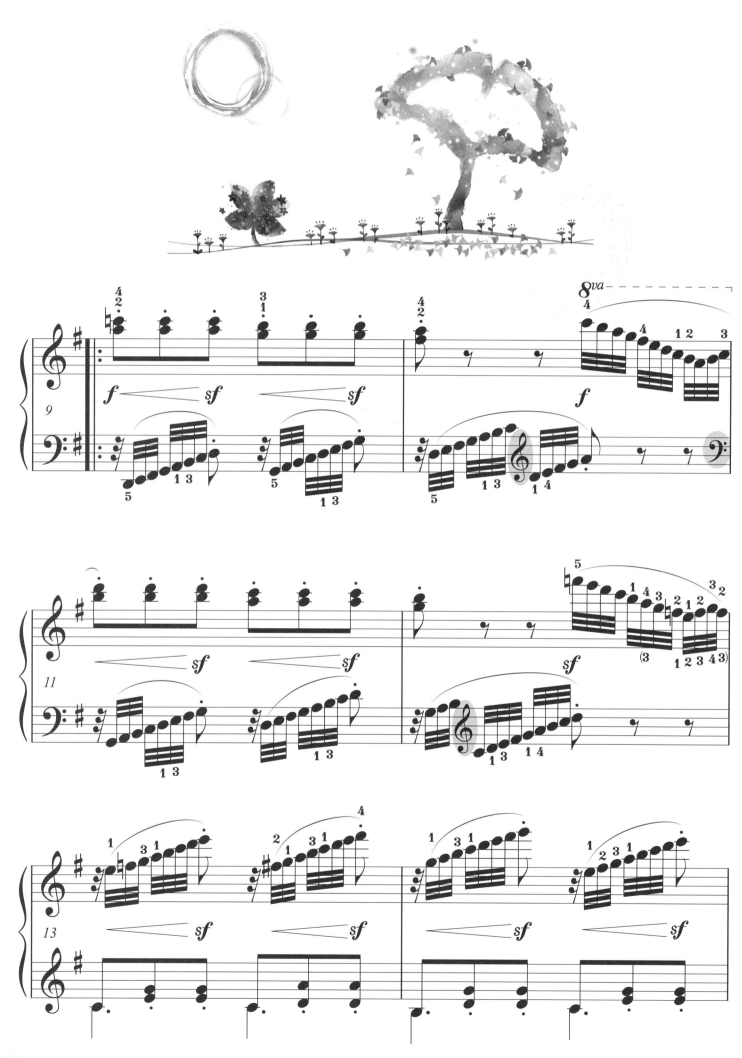

오른손의 빠른 움직임 연습

Allegretto vivo (조금 빠르면서 생기있게)

❶ 못갖춘마디의 첫 음인 '레(D)'음을 정확하게 연주합니다.
❷ 스타카토를 친 후, 빠르게 1, 2, 3번 손가락 간격을 오므려서
　 32분음표의 빠른 리듬을 고르게 연주합니다.

양손 반음계 연습

❶ 쉼표를 정확히 지키고, 짧고 긴 프레이즈를
구분하여 표현합니다.

반음계 선율 부분은 손을 오므리고, 손끝을
최대한 건반에 가까이 한 상태에서 손가락
번호를 지키며 연습하세요.

고른 스케일과 화음반주 연습

16
체르니
30번
No.8

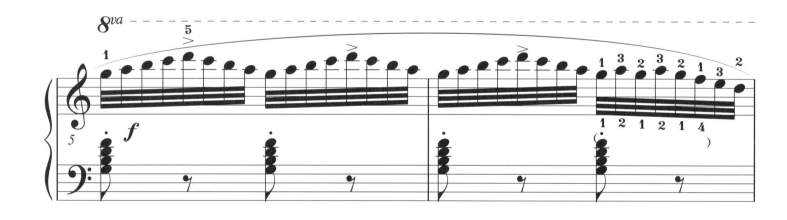

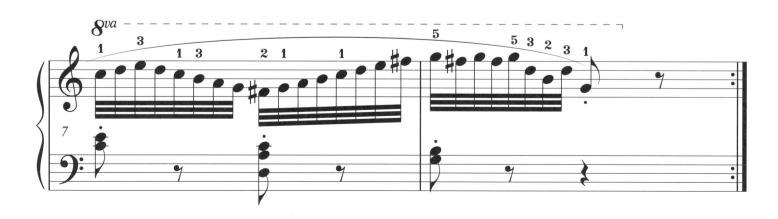

① 오른손 스케일은 다섯 손가락 모두 고르고 정확하게 연주합니다.
특히, 리듬에 주의하고 처음에는 천천히 연습하세요.

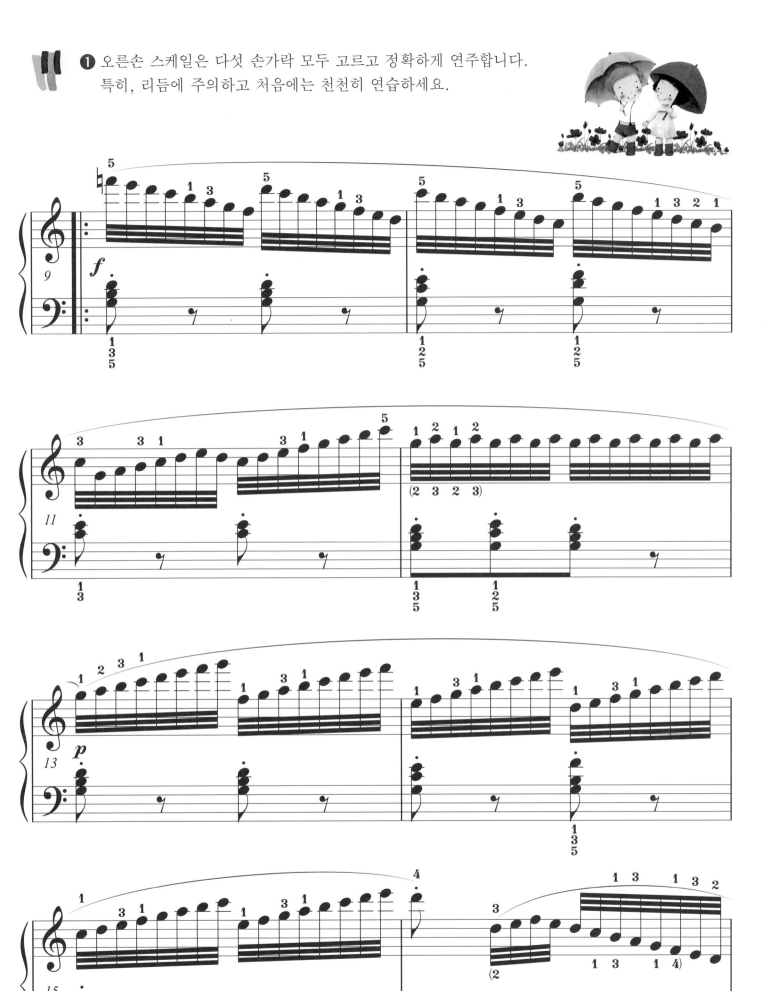

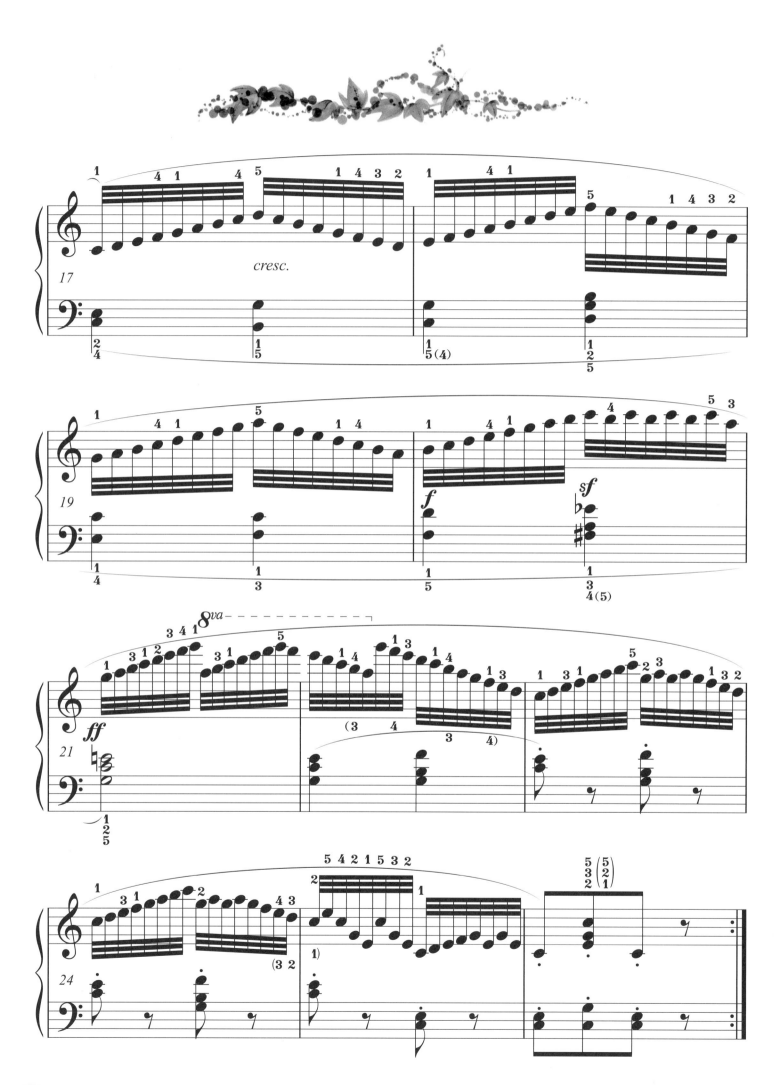

라장조 스케일과 정확한 리듬 연습

Allegretto vivace (조금 빠르고 활기차게)

❶ 선율의 레가토와 스타카토가 대비되도록 표현합니다.
❷ 왼손 지속음에 주의하고 그 다음 음들은 가볍게 연주합니다.

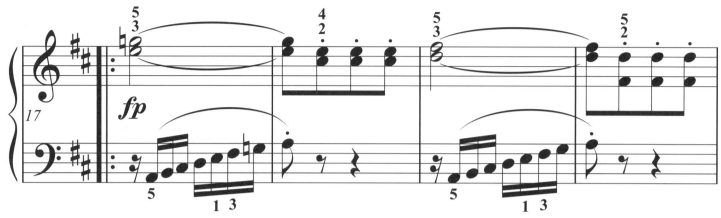

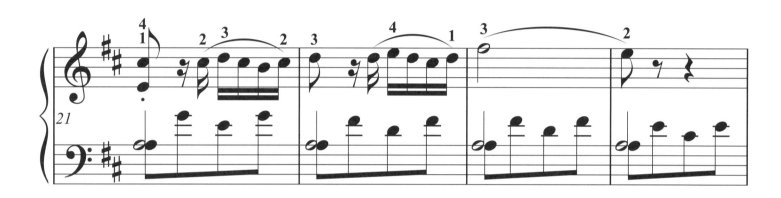

59

양손 스케일의 균형있는 연습

처음에는 오른손, 왼손을 각각 따로 충분히
연습하면 도움이 됩니다.

Molto vivace (매우 빠르게)

18
체르니
30번
No.30

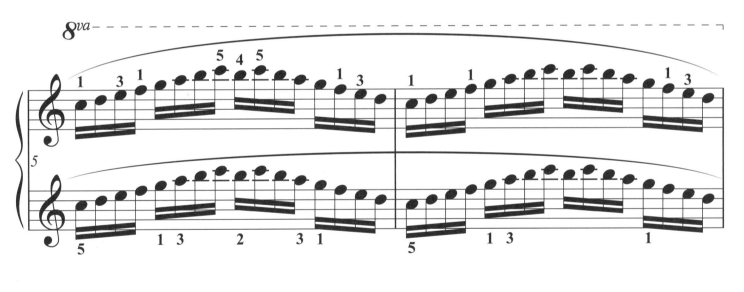

강한 1번 손가락과 약한 5번 손가락에 주의하여 음이 전체적으로 고르게
들리도록 주의하세요.

32분음표와 셋잇단음표의 리듬 연습

Allegro scherzando(빠르고 익살스럽게)

❶ 첫 음을 충실히 누르고, 나머지 스타카토 음들은 가볍게 연주합니다.
❷ 1번 손가락이 악센트가 되지 않게 하고 템포를 정확하게 연주합니다.

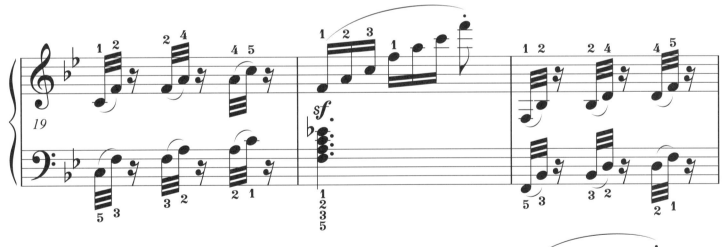

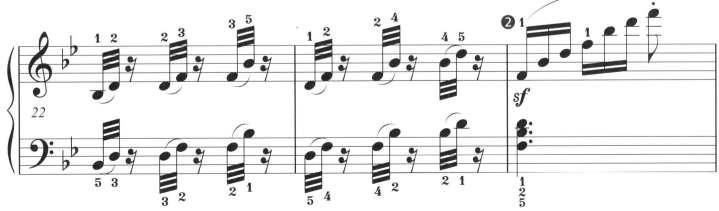

66

왼손 스케일의 고른 타건 연습

Allegretto vivace(알레그레토보다 조금 빠르게)

20
체르니
30번
No.9

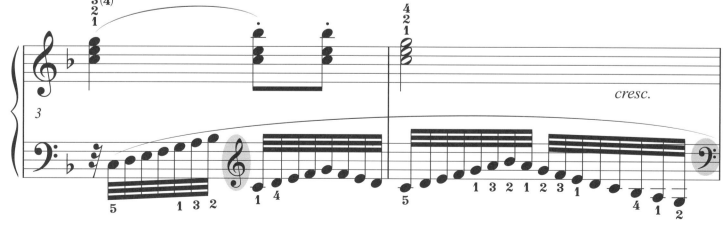

❶ 오른손 화음의 연결에서 윗소리를 좀 더 강조하여 연주합니다.
❷ 왼손 스케일은 왼손만 따로 천천히 연습하고, 익숙해지면 오른손과
   함께 연주합니다.

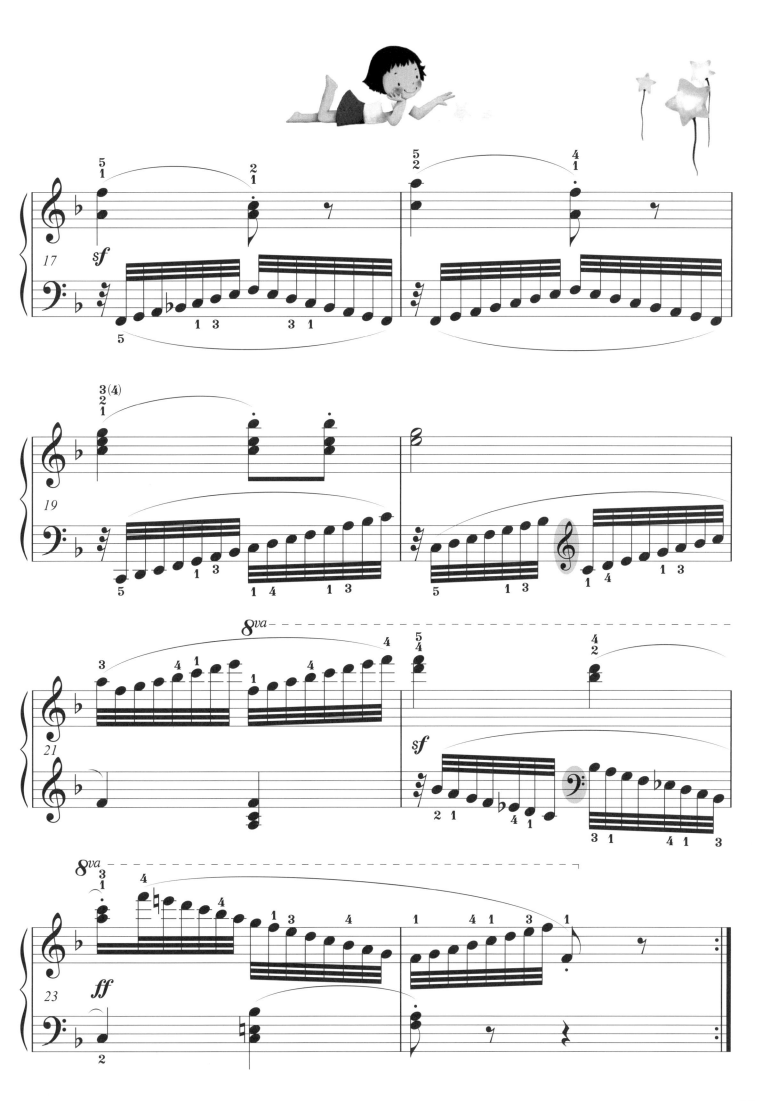

가장조 스케일과 펼침화음 연습

Molto vivace(매우 빠르게)

❶ 조표에 주의하여 정확한 음을 치되 고르게 레가토로 연주합니다.
❷ 5-4-3-1번을 반복할 때, 5-4번이 미끄러지지 않게 주의하세요.

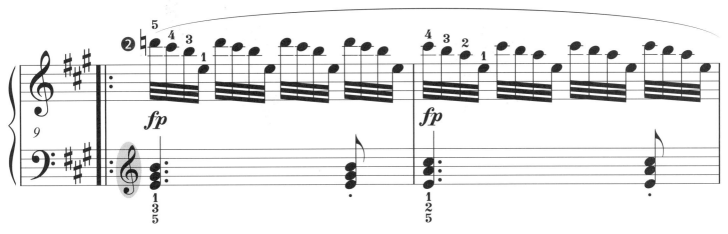

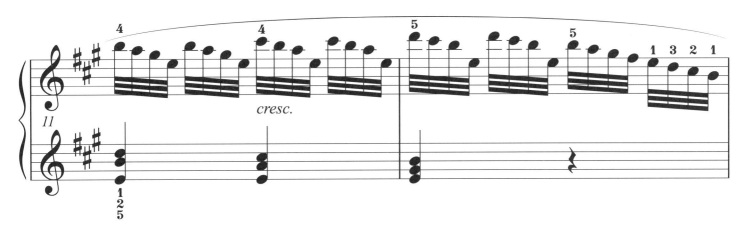

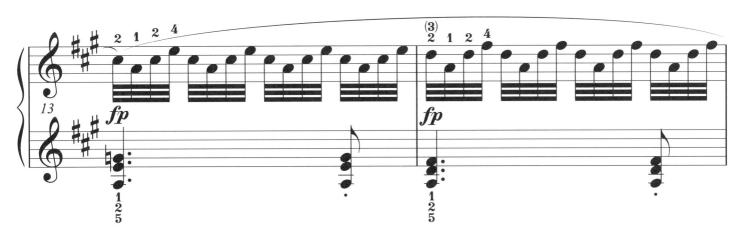

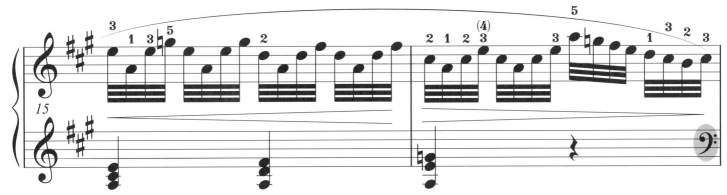

74

❸ 악센트가 있는 화음 스타카토는 짧고 강하게 끊어서 연주합니다.

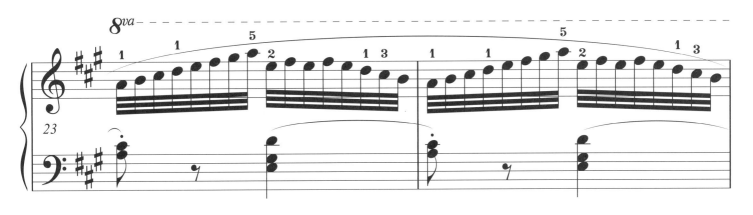

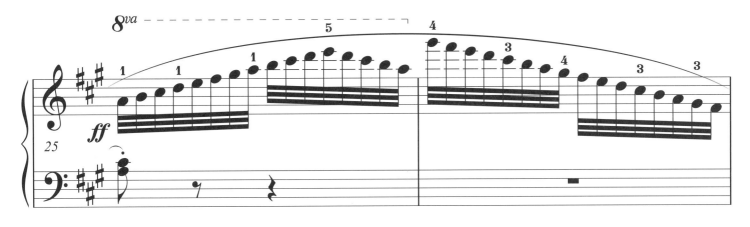

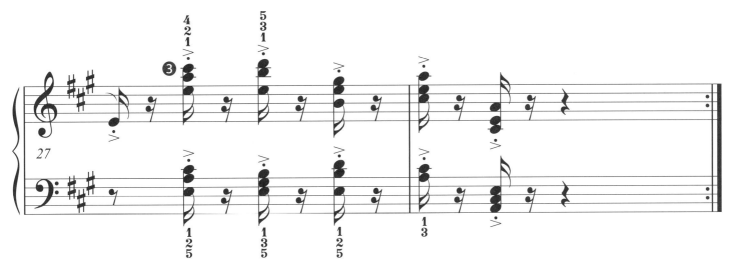

연속적인 화음 스타카토 연습

❶ 화음 스타카토의 연타는 손모양을 고정한 다음 손목의 힘을 빼고 연주합니다.

❷ 왼손 선율은 레가토로 연주합니다.

❸ 3도 겹음은 윗소리를 강조하여 ❶과 같은 방법으로 하행하며 연주합니다.

❹ 지속음을 누른 상태에서 나머지 겹음 스타카토는 가볍게 연주합니다.

❺ **ff**로 강하지만 윗소리를 강조하여 치고,
각 박마다 악세트를 주어 연주합니다.

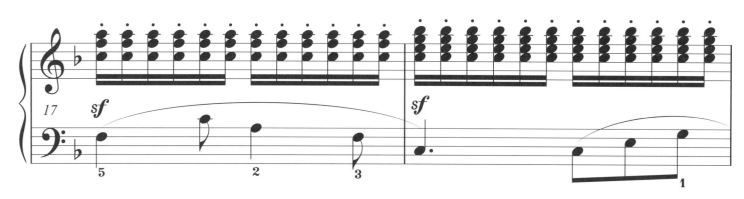

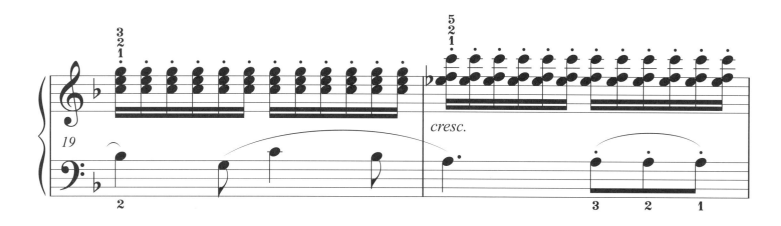

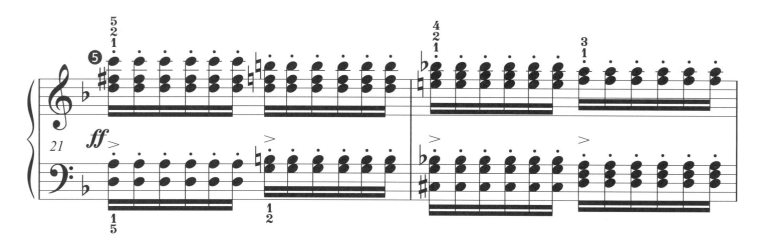

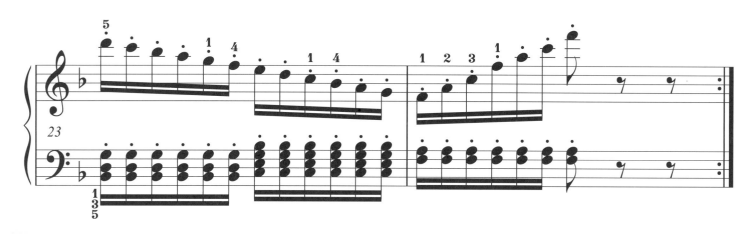

연타와 손가락의 빠른 움직임 연습

Allegretto vivace (알레그레토보다 조금 빠르게)

곡 전체의 여섯잇단음표는 일정한 고른 리듬으로 치고, 스타카토와 레가토는
구분하여 명확하게 합니다. ❶과 ❷의 경우와 같은 연타는 4-3-2-1처럼 손가락
번호를 바꾸되 고른 소리가 나도록 연주합니다.

왈츠풍 리듬과 아르페지오 연습

Allegro(빠르게)

24
체르니
110번
No.53

p leggiermente 보다 경쾌하게

cresc.

❶의 셋잇단음표 아르페지오, ❷의 ♫♩, ❸의 ♫ 등 다양한 리듬이 흐트러지지 않게 주의하세요.
❹의 ♪♪♪♪♪♪와 ❺의 ♩ ♪♪♪ 리듬이 혼동되지 않게 주의하세요.

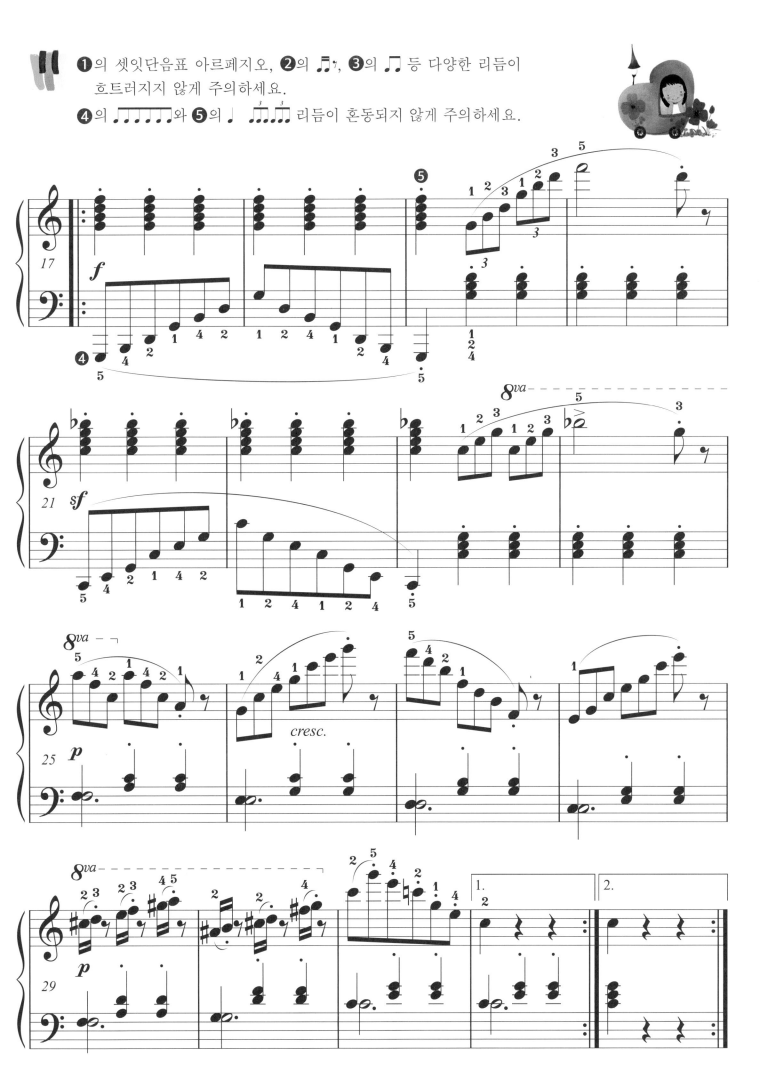

83

양손 싱코페이션의 레가토와 스타카토 연습

Allegro moderato(조금 빠르게)

25
체르니
30번
No.24

84

❶의 레가토와 ❷의 스타카토로 싱코페이션 리듬을 연습하는 곡으로 리듬을 정확히 하고 중간 중간의 악센트를 살려서 리드미컬한 연주가 되도록 합니다.

싱코페이션(당김음)

센박과 여린박의 셈여림 위치가 바뀌는 리듬

연습시 주의사항

1. 기초적인 기술 습득과 훈련을 최대 목적으로 하고 있으므로 다소 어렵더라도 손가락 쓰기는 지시된 대로 합시다(괄호 속의 손가락 쓰기는 비교적 치기 쉬운 손가락 쓰기로, 어린이나 손가락의 길이가 짧은 사람을 위한 것입니다). 또, 치기 까다로운 부분은 몇 번이고 반복해서 연습해야 합니다.

2. 각 곡은 상당히 빠른 속도로 쳐야만 기술적으로나 음악 표현상으로도 효과가 있지만 처음부터 빠르게 치려고 하지 맙시다. 음의 길이나 손가락 움직임에 충분히 유의하면서 천천히 몇 번이고 반복 연습한 다음 지정된 빠르기로 치도록 하고, 피로를 느끼거나 자주 틀릴 때에는 다시 천천히 연습합시다.

3. 곡의 악상기호를 살려서 연주하는 것은 음악을 재현하는 첫걸음입니다. 또한 그것은 연주자의 감정과 작곡가의 의도와 음악의 흐름에 대한 중요한 요소가 되는 것이므로 소홀히 해서는 안 됩니다. 음악으로서뿐만 아니라 음의 흐름이 의미를 갖기 위해서도 악상기호를 충분히 지키면서 연습합시다.

4. 피아노는 손가락 끝으로만 치는 것이 아니고 팔과 손목 등 온몸으로 쳐야 하므로 어떠한 경우에도 바른 자세를 유지함은 물론, 불필요한 힘을 쓰지 않도록 주의가 필요합니다.

선생님의 가르침을 잘 지키고 최소한의 노력으로 최대의 효과를 올릴 수 있도록 연습합시다.

제1번 '다'장조 Allegro

'다'장조의 으뜸3화음과 딸림7화음으로 이루어져 있으며 오른손 다섯 손가락의 힘을 고르게 쓸 수 있게 하는 연습과 셋잇단음표의 레가토주법(원활주법)의 연습입니다. 빠르기 표시는 ♩=100으로 되어 있으나 처음 이 곡을 연습하는 사람에게는 무리이므로 우선 ♩=30(♪=60) 정도로 연습한 다음 ♩=60(♪=120), ♩=80~100의 빠르기로 합시다.

오른손 셋잇단음표의 연속은 음이 정확하지 않거나 리듬이 흐트러지기 쉬우므로 여러가지 리듬으로 예비연습을 충분히 해야 합니다.

● 음의 배열을 바꾸어 친다.

● 리듬을 바꾸어 친다.

그밖에 스타카토나, 음표를 4개씩 3그룹으로 나누어 4분의 3박자로서 16분음표 4개의 음형을 되풀이하는 형식으로 연습할 수도 있으며, 각자 여러가지 방법을 연구해서 연습하는 것도 좋습니다.

이 곡을 자세히 보면 3~4성부의 모양으로 되어 있음을 알 수 있으며 각 성부 진행을 확실하게 하기 위해서는 악보에 씌어진 음의 길이에 충분히 유의해야 합니다.

① 먼저 첫째마디의 왼손이 다음과 같이 되지 않도록 합시다.

온음표를 충분히 눌러서 다음 마디의 같은 음인 C음을 치기 직전에 떼야 합니다. 그러나, 온음표를 누르는 데 너무 신경을 쓰면 건반을 누른 다음에도 손가락에 힘을 주게 되므로, 누른 다음에는 곧 힘을 빼고 손목, 손가락이 자유롭게 움직이도록 합시다.

② 5, 4, 3번 손가락을 연속적으로 빨리 치면 리듬이 흐트러지거나 타건이 부정확하게 되므로 충분히 연습해야 합니다. 한음 한음을 정확하게 소리내기 위해서는 건반 밑까지 완전히 누르도록 합시다.

③ 아홉째마디 왼손의 넷째박을 주의하여  오른쪽과 같이 되지 않도록 합시다.

④ 오른손에서 G(솔)음을 누른 채 4번 손가락으로 치는 것은 매우 어려우므로 반복하여 충분히 연습해야 합니다.

⑤ 손이 작은 사람은 오른쪽과
　같은 손가락쓰기를 사용합시다.　　● $\frac{1}{3}\frac{2}{4}$의 손가락쓰기도 생각할수 있음.

⑥ ten.은 tenuto(테누토-음을 충분히 눌러서)의 준말이므로 오른손 첫째 손가락의 G(솔)음을 충분히 유지합시다.

⑦ ②와 같으나 1번 손가락으로 누르고 있기 때문에 손가락을 자유롭게 움직이기 어려우므로 리듬을 정확하게
　해야합니다. 처음에 나온 연습방법을 응용하여 1번 손가락으로 누르고 쳐보면 효과적입니다.

⑧ poco marcato(포코 마르카토)는 '약간 강조하여'라는 뜻이며 왼손의 프레이즈에 포함되어 있는 3개의 2분음표는,
　아름답고 효과적인 부분이므로 토막토막 끊어지지 않도록 확실하게 연습하며, dim.(디미누엔도-점점 여리게)에도
　주의합시다.

⑨ 손이 작은 사람은 손가락쓰기를 옆과 같이 해도 좋습니다.

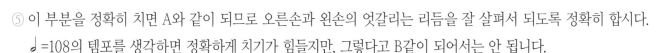

제2번 '다'장조　Molto allegro

　왼손은 4분음표를 가진 셋잇단음표로 레가토주법의 연습이며 오른손은 경쾌한 스타카토주법의 연습입니다.
이처럼 빠른 곡에서는 날카로운 스타카토보다는 경쾌하게 치는 부드러운 스타카토로 연주하는 편이 더 자연스
럽고 음악적입니다.

① 오른손 첫째박 G(솔)음은 가볍게 악센트를 붙여서 확실하게 치고, 다음의 E(미)음은 경쾌하게 칩니다. 몇 번이고
　반복하여 연습하면 이러한 선율에 자연히 강약의 흐름이 붙게 됩니다.

② 둘째마디의 음형은 제3박의 머리에 맞추어 왼손 둘째박의 G음과 셋째박의
　C음 사이에 오른손 16분음표 D음을 넣는 것이 좋습니다.

③ 첫째박의 스타카토에 치중하여 둘째박 첫음에 강한 악센트가 붙지 않도록
　주의합시다. 스타카토와 레가토를 명확히 구분하도록 합시다.

④ G(솔)음을 지속시키려다 보면 왼손의 리듬이 흐트러지기 쉬우므로,
　타건 후에는 힘을 빼고 손목을 부드럽게 움직여야 합니다.

⑤ 이 부분을 정확히 치면 A와 같이 되므로 오른손과 왼손의 엇갈리는 리듬을 잘 살펴서 되도록 정확히 합시다.
　♩=108의 템포를 생각하면 정확하게 치기가 힘들지만, 그렇다고 B같이 되어서는 안 됩니다.

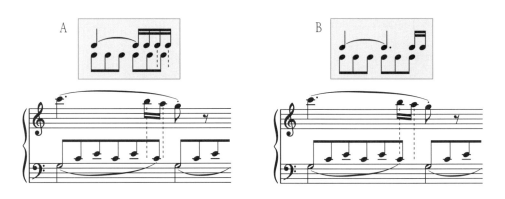

⑥ 이 3도진행의 스타카토는 위의 음이 선율적으로 들리도록 아름답게 칩시다.

제3번 '다'장조 Vivace

양손의 펼침화음과 꾸밈음을 위한 연습입니다. 펼침화음에서 모든 박의 머리는 4분음표이므로 그 길이를 충분히 유지합시다. 17마디부터 24마디까지 오른손으로 4분음표가 나오는 곳은 아름다운 선율을 살려 점점 고조를 이루도록 해야 합니다.

① 오른손 스타카토는 활력있고 힘차게 치며 왼손의   반주형 레가토와 테누토 음은 명확히 해야 합니다.

② 이 꾸밈음표(짧은 앞꾸밈음 또는 짧은 꾸밈음)는 과거에는 (1)과 같이 쳤으나, 지금은 (2)와 같이 오른손의 본음표와 왼손의 박머리의 음을 동시에 칩니다.

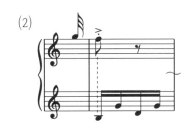

③ 이 8분쉼표를 정확히 지킵시다.

④ 이 아르페지오 주법에도 옛날 주법과 새로운 주법이 있는데, 옛날에는 오른손 G(솔)음과 왼손 B(시)음을 동시에 쳤으나 요즈음은 옆의 보기 와 같이 F(파) 음과 B(시)음을 동시에 치며, 꾸밈음은 그 앞에서 해결합니다. 와 같이 누른 채 치지 않도록 손가락을 재빨리 떼어야 합니다

⑤ 오른손은 논·레가토주법(또는 포르타멘토주법)으로, 건반을 약간 누르는 느낌이 들도록 연주합니다. 스타카토와 레가토의 중간 정도라 생각하면 됩니다.

⑥ 오른손 스타카토의 위치를 틀리지 않도록 주의하고 슬러와 스타카토의 차이가 확실하도록 합니다.

제4번 '다'장조 Allegro

오른손의 펼침화음 연습이며, 처음에는 어렵습니다. 각 박의 첫머리가 전부 4분음표이므로 충분히 눌러서 4분음표의 흐름이 확실히 나도록 연습합시다.

오른손 4분음표의 선율에 대하여 왼손의 움직임이 중요한 역할을 하고 있으므로 충분히 노래하듯 치도록 합니다.

먼저 ♩=76정도의 빠르기로 오른손 4분음표의 음을 충분히 누르고 16분음표를 매끄럽게 치며, 다음에 리듬을 바꾸어 악센트를 붙여서 연습하면 효과적입니다.

제7번 '다'장조 Vivace giocoso

왼손의 셋잇단음표에 대하여 오른손은 쉼표를 포함한 섬리듬(부점리듬)입니다. 전체적으로 경쾌하고 쾌활하게 쳐야 하며, 먼저 최초의 두 마디를 천천히 쳐서 리듬을 잘 익히도록 합니다.

① 32분음표는 왼손의 16분음표 사이에 정확히 들어가도록 해야하며 템포가 빨라지면 엄밀히 구별하기 어려워지므로 처음에는 천천히, 그리고 확실하게 박자 관계를 외워야 합니다. C나 D와 같이 치지 맙시다.

32분음표에 옆과 같은 악센트가 붙지 않도록 하고 또, 32분음표가 꾸밈음처럼 되지 않도록 주의합시다.

② 이 부분은 32분음표의 D(레)음부터 둘째박인 4분음표 D(레)음까지 슬러가 붙어 있으므로 부드럽게 이어서 칩니다. 이 외에도 슬러가 붙어 있는 부분이 있으므로 주의합시다.

③ 레가토로 크레셴도하여 맨 마지막의 G(솔)음은 악센트를 붙입니다.

④ 보기 와 같은 손가락쓰기가 되지 않도록, 음계와 같은 손가락 놀림으로 매끄럽게 하행합시다.

⑤ 여기서부터 왼손 화음의 손가락쓰기와 움직임에 신경을 써야 합니다.
Vivace giocoso(비바체 조코조)는 '빠르고 익살스럽게', Leggiero(레지에로)는 '경쾌하게'라는 뜻입니다.

제8번 '바'장조   Allegro moderato

오른손과 왼손의 주고받음에 있어 레가토로 부드럽게 치기 위한 연습입니다.

보기 의 악보처럼 예비연습을 합시다.

또 오른손만으로 치거나 첫째박의 음표들을 화음으로 만들어서 쳐보는 것도 좋을 것입니다.

① 오른손 1번 손가락에 악센트가 붙지 않도록 하며, 왼손 1번 손가락이 건반에 남아 있지 않도록 합시다.

② 왼손의 스타카토는 손가락번호를 잘 지켜서 날카롭게 치도록 합니다.

제9번 '다'장조   Molto allegro

음계를 양손으로 갈라서 치는 연습입니다. 양손의 주고받음을 매끄럽게 하려면 보기 의 악보와 같이 좌우 1번 손가락의 연습과 음계의 형태로서의 주고받는 연습을 끈기있게 계속하는 것이 가장 중요합니다.

① 오른손이 2번 손가락에서 끝나므로 이곳만은 타이밍이 흐트러지지 않도록 주의합시다.

② 왼손이 오른손 위를 지날 경우 악센트가 흐트러지기 쉬우므로 주의해서 칩시다.

③ 박의 머리를 sf로 확실히 치도록 합니다.

제11번 '다'장조 *Allegro leggiero*

오른손의 '다'장조 음계연습이므로 각 음을 고른 음량으로 칠 수 있도록 다음과 같은 연습을 합니다.

하행

하행

음계는 상행시에 1번 손가락이 3번(또는 4번) 손가락 밑을 지날 때와 하행시 3번(또는 4번)손가락이 1번 손가락 위를 지날 때, 너무 빨리 손가락을 떼지 말고 손목이나 팔꿈치가 지나치게 움직이지 않도록 주의합니다.

악보상의 손가락쓰기를 지키지 않으면 음계가 이어지지 않으므로 꼭 손가락번호를 지킵시다.

① 오른손 둘째박과 넷째박이 스타카토인데, 왼손까지 스타카토가 되지 않도록 합니다.
② 왼손 넷째박의 화음은 스타카토인데 눌러버릴 염려가 있으므로 주의합시다.

제13번 '사'장조 *Molto vivace*

무곡풍의 연습곡입니다. 왼손의 리듬을 정확하게 지킬 수 있어야만 오른손의 흐름이 부드럽고 자연스럽게 되므로 왼손의 역할이 크다는 것을 염두에 두고 연습합시다.

① 왼손 반주의 낮은 음은 완전히 누르도록 하며 오른손은 쉼표로 시작하고 32분음표를 정확히 세면서 당황하지 말고 자연스럽게 칩니다.
② 이처럼 도약진행이 1번 손가락에 올 때는 1번 손가락을 힘껏 눌러 주되 괄호 안의 손가락번호로 쳐도 좋습니다.
③ 왼손이 레가토이고 5번 손가락을 누른 채이므로, 손목을 부드럽게 하여 1번 손가락을 빠르게 움직여야 합니다.
④ 이 화음의 스타카토는 제8번의 ①에서 설명한 바와 같이 손의 반동을 이용하여 쳐야 합니다.
⑤ 이 부분과 두 마디 뒤에 오는 오른손 하행 음계의 첫음은 왼손의 마지막 음과 잘 맞추어 힘껏 치도록 합시다.
⑥ 제8번에도 있었던 것처럼, 1번 손가락에 악센트가 붙지 않도록 주의해야 합니다.

제16번 '다'장조 *Vivace*

오른손을 위한 음계연습이므로 손목에 필요 이상의 힘을 넣지 않도록 해야 합니다. 손가락쓰기에 주의하여 천천히 연습하고 리듬을 바꾸어 쳐보는 것도 좋은 연습방법입니다.

① 왼손 화음의 스타카토는 손의 반동으로 건반 밑까지 힘껏 치며 오른손은 처음 첫째마디를 4박으로 잡아치면 효과적입니다.
② 4, 5번 손가락은 미끄러지기 쉬우므로 주의합시다.
③ 9도의 도약인데, 무리하게 손을 벌리려 하면 오히려 힘이 들어가 빠뜨리는 경우가 생기므로 손의 무게를 완전히 모두 옮기는 듯한 기분으로 치도록 합니다.
④ 여기서부터 세 마디는 4번 손가락에서 손의 위치를 바꾸는 연습입니다. 1번 손가락에 악센트가 붙지 않도록 4번 손가락을 정확하게 치도록 하며 왼손은 레가토로 치는데 음이 끊기지 않도록 손가락쓰기에 유의합시다.
⑤ 앞의 마디와 손가락쓰기가 다르므로 주의해야 합니다.

제18번 '다'장조   Molto vivace

마지막 곡은 양손의 음계 연습입니다. 음계는 피아노 기술 중에서도 기본적인 것 중의 하나이므로, 결코 소홀히 해서는 안됩니다. 이와 같이 유니즌의 연습에서는 한손치기 연습이 필요한데 양손으로 치면 어느 한 쪽의 손가락쓰기에 결점이 있어도 자세하게 알기 어렵기 때문입니다.

① 도돌이표가 있는 곳까지 계속 *ff*라는 것을 유의합시다.
② 치기가 까다롭고 왼손이 오른손에 이끌려 버리기 쉬우므로 이 점을 특별히 유의하여 연습을 충분히 해야 합니다.

제19번 '내림나'장조   Allegro scherzando

무곡풍의 연습곡이며 scherzando(스케르찬도)는 '해학적으로'라는 뜻입니다.

① 특징있는 오른손은 다음의 A와 같이 치도록 합니다. 음이 두 개씩 달라붙어 B처럼 되기 쉬우므로 C와 같이 쳐서 타이밍을 잘 맞추어 주도록 해야 합니다.

② 셋잇단음표로 되어 있는 곳에서 빨라지지 않도록 합니다. ♫♫♫♪ 에서 4, 5번 손가락(또는 3, 5번 손가락)을

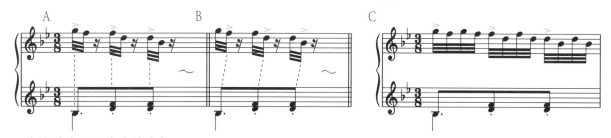

잘 움직여 꼼꼼하게 칩시다.
③ 오른손 둘째박의 3, 4, 3번 손가락쓰기에 주의합시다.
④ ①과 같으며 템포나 리듬이 무너지기 쉬우므로 양손으로 C와 같이 쳐보면 좋습니다.
⑤ 쉼표가 짧아지기 쉬우므로 주의합시다.

제20번 '바'장조   Allegretto vivace

왼손의 음계연습입니다. 왼손은 오른손에 비해서 아무래도 손놀림이 빠르지 못하며, 음도 무겁게 되기 쉬우므로 처음부터 빠르게 하지 말고 느리게 차근차근 연습하는 것이 좋습니다. 오른손은 조용한 화음 진행이므로 셈·여림의 변화에 주의해서 쳐야 합니다.

① 왼손 첫머리의 쉼표를 정확하게 쉬지 않으면 리듬이 깨지므로 리듬을 타고 칠 수 있도록 연습하고 쉼표 다음의 음에 악센트가 붙지 않도록 하며 오른손은 >가 되는 것이 자연스럽습니다.
② 손이 작아서 G(솔)음을 3번 손가락으로 치기 힘들면 4번 손가락으로 쳐도 좋습니다.
③ 이 부분의 왼손화음에 대한 손가락쓰기는 $\frac{2}{3}$, $\frac{1}{4}$로 하여도 무방하며 끝부분의 화음은 아무래도 끊어지게 되므로 날카롭게 끊기지 않도록 흐름을 타고 쳐야 합니다.
④ 빠른 패시지에서 다음 마디의 화음으로 옮겨갈 때, 거친 터치가 되기 쉬우므로 조심해야 합니다.

제21번 '가'장조   Molto vivace

음계의 연습곡이며 처음부터 빨리 치면 손가락이 미끄러지기 쉬우므로 처음에는 천천히 확실하게 치도록 합니다. 오른손은 상당한 연습이 필요하므로 충분히 연습해 두기 바랍니다. 음이 고르게 나오도록 손가락을 잘 움직이는 연습을 합시다. 왼손은 약하고 가볍게 쳐야 합니다.

94

① 왼손은 화음이 충분히 울리도록 하며 뒤의 스타카토는 리드미컬하게 치고 오른손은 5, 4와 4, 3번 손가락이 달라붙기 쉬우므로 다음과 같이 연습하도록 합시다.

② 마지막 다섯 개의 스타카토 화음은 외워서 확실한 터치로 건반을 칩시다.

제22번 '바'장조 Allegro

같은 화음을 계속해서 스타카토로 반복하는 연습입니다. 화음의 스타카토에 대해서는 앞에서도 말했지만 손가락 끝의 모양을 일정하게 하여 누르고 손목에서부터 앞쪽의 움직임으로 치면 좋을 것입니다. 손가락 끝을 정확하고 고르게 하여 음이 흩어지지 않게 주의합시다.

① 왼손의 꾸밈음은 아래의 A와 같이 맨처음 박 앞에서 치고 오른손의 줄임표는 음표로 나타내면 B와 같습니다.

② 오른손은 $\frac{3}{1}$ 의 연속이므로 빗나가지 않도록 합시다.
③ 박의 머리에 악센트를 정확하게 붙여서 팔꿈치나 어깨에 지나친 힘이 들어가지 않도록 주의합시다.

제23번 '사'단조 Allegretto vivace

제12번에서 연습한 홀음의 반복과 레가토를 짜맞추는 연습곡입니다. 제12번의 연습방법을 응용합시다. 이 곡집 중에서 유일한 단조입니다.

① 똑같은 음형같이 보이지만 슬러가 붙는 법, 즉 프레이징은 여러가지입니다. 슬러가 끊기는 곳에 주의하도록 하고 왼손도 슬러나 스타카토 등으로 세밀하게 표정이 붙으므로 빠뜨리지 않도록 합시다.
② 오른손 옥타브의 레가토를 확실히 파악해 둡시다. 보기 의 악보와 같은 연습을 하여 손의 움직임을 외워두도록 합시다.

제25번 '라'장조 Allegro moderato

싱커페이션 연습입니다. 양손을 고르게 치면서 왼손을 오른손 다음에 들어가도록 연습을 합시다.

① 이 악센트는 매우 효과적이므로 팔의 무게를 이용하여 확실하게 쳐야 합니다.
② 좌우의 스타카토는 엄밀히 말해서 길이가 다르지만 아주 정확하게 친다기보다는 오른손을 왼손보다 조금 가볍게 친다는 정도로 하면 좋을 것입니다.
③ 여기서 다시 레가토로 되돌아가므로 첫째박이 쉼표인 부분도 선율이 끊어지지 않도록 합시다.
④ 화음의 스타카토가 투박해지지 않도록 하고, 손 모양을 확실히 하여 절도있게 칩시다.

발행일 2025년 2월 20일

발행인 남 용

편 저 자 일신음악연구회

발행처 일신서적출판사

주 소 서울시 마포구 독막로 31길 7

등 록 1969년 9월 12일 (No. 10-70)

전 화 (02) 703-3001~5 (영업부)

　　　　(02) 703-3006~8 (편집부)

F A X (02) 703-3009

I S B N 978-89-366-2902-1 93670